$\overset{27}{/}$

$L n\ 13661.$

M^{r.} l'abbé Martin, curé de St. Aphrodise;

Député de Béziers à l'Assemblée Nationale.

Lith. de Boehm à Montpellier.

ÉLOGE

DE

M. L'ABBÉ MARTIN,

CURÉ DE SAINT-APHRODISE,
DÉPUTÉ DE BÉZIERS A L'ASSEMBLÉE NATIONALE,

PRONONCÉ

Par l'Abbé Debayle,

A L'OCCASION

DE L'INAUGURATION DU MONUMENT
ÉLEVÉ DANS L'ÉGLISE DE SAINT-APHRODISE
A LA MÉMOIRE DE CE VÉNÉRABLE PASTEUR.

A BÉZIERS,

IMPRIMERIE DE P.-F.-AD. GRANIÉ.

1844.

ÉVÊQUE DE MONTPELLIER.

Monseigneur,

L'Éloge de l'Abbé **MARTIN**, *Curé, Député et Bienfaiteur de Béziers, doit naturellement, ce me semble, produire de douces émotions, et réveiller de touchantes sympathies au cœur des Prêtres et des Habitants de cette cité.*

C'est aussi, Monseigneur, *sous l'impression de cette idée, que moi, enfant et Prêtre du pays, j'ai entrepris d'écrire et de livrer au Public l'Éloge historique de ce Pasteur, notre compatriote, aussi recommandable par ses lumières que par ses monuments de charité.*

Mais, mon œuvre n'aurait peut-être produit aucun effet, si Votre Grandeur *n'avait daigné la sanctionner elle-même, en me permettant de la publier sous ses illustres auspices.*

Ainsi, Monseigneur, *le nom de* Votre Grandeur, *que couronnent le génie et la charité, placé à la tête de cet Éloge, donne à ces quelques pages un prix réel, à celui qui en est l'objet une nouvelle illustration, au Public une noble garantie, à l'Auteur la plus douce récompense.*

J'ai l'honneur d'être, avec le plus profond respect,
MONSEIGNEUR,
De Votre Grandeur
Le très-humble et très-obéissant serviteur,
L'Abbé DEBAYLE.

Ego sum bonus Pastor.

Je suis le bon Pasteur.

S.t-JEAN, ch. 10, v. 11.

MESSIEURS,

ES malheurs de toute espèce, que les révolutions traînent après elles, ne contribuent pas peu à faire oublier le souvenir des grands hommes et des bienfaiteurs de l'humanité.

Mais, quand le calme a succédé à la tempête et que les esprits jouissent de tous les biens d'une paix véritable, c'est alors une belle pensée de ressusciter, au milieu de nous, la mémoire des morts illustres, et d'élever des monuments aux héros de la bienfaisance.

A l'heure qu'il est, un cri général de reconnaissance se fait entendre partout en l'honneur des illustrations nationales, et la France se hâte d'acquitter envers elles cette dette immense et sacrée.

Voyez, en effet, comme chaque cité rivalise de zèle et de magnificence : le bronze et le marbre donnent la vie aux grands hommes, morts depuis des siècles ! Voyez comme notre ville, petite parmi tant de grandes villes, prend une large part à ce sublime élan !

Déjà, la statue de l'auteur du Canal du Midi s'est élevée aux applaudissements de l'enthousiasme. Celle du chantre religieux de la vie champêtre embellira bientôt une des places de notre cité. Déjà, le génie des Mairan, des Pélisson et des Gonet, a été célébré dans un nouvel aréopage, et la chaire chrétienne, s'associant, elle aussi, à la gloire de tous ces grands hommes parce qu'ils étaient, avant tout, des hommes de foi, leur a payé à son tour, par une bouche éloquente, un juste tribut d'admiration, de gratitude et de louange.

Gloire donc aux grands hommes ! Gloire surtout aux bienfaiteurs des peuples ! Gloire aussi à notre époque qui les venge, d'une manière si éclatante, de l'indifférence des générations qui ont passé froidement sur leurs tombes !

Mais, s'il est vrai que chaque pays s'efforce de prodiguer des honneurs à ceux qui en ont bien mérité ; si Béziers a élevé des statues à ses hommes de génie ; notre langue pouvait-elle garder le silence à l'égard d'un de ses plus grands bienfaiteurs ! Pouvions-nous, sans une coupable ingratitude, lui refuser un monument qui éternise au milieu de nous le souvenir de ses bienfaits !

Cet homme que, tous, vous avez connu, que, tous, vous avez pleuré le jour de ses funérailles ; cet homme dont tout nous rappelle les services éminents, reposait depuis vingt années dans un coin de cette église et sous une étroite pierre qui ne porte pas même son nom, et le dérobait ainsi aux sentiments de votre reconnaissance et aux épanchements de votre amour.

Sortez donc de ce trop modeste tombeau, Pasteur vénérable, père et bienfaiteur des Biterrois ! Venez vous reposer dans ce monument que vous érige aujourd'hui ce digne Successeur, dont le zèle dans cet hommage qu'il ne vous offre que comme un à-compte, le rend plus digne de notre affection, et l'associe à votre immortalité.

Je ne sais si je me trompe, Messieurs, mais il me semble qu'il y a dans cette cérémonie un mélange de tristesse et de joie. D'un côté, c'est un père, un bienfaiteur que nous pleurons de nouveau ; de l'autre, ce sont des couronnes de gloire, que nous jetons avec bonheur sur sa nouvelle tombe. Oh ! que notre joie serait complète, si nous pouvions devancer le jugement de l'église, et lui ériger en ce jour un autel.

L'Abbé Martin a reproduit au milieu de nous tous les traits du bon Pasteur ; et on peut dire de lui, comme du Divin Maître, qu'il est passé en faisant le bien. Aussi, sous le rapport du zèle pour la gloire de Dieu, il a honoré la religion ; et, sous le rapport du bien qu'il a fait à l'humanité, il a honoré la société. Il mérite donc à ce double titre que la religion et la société l'honorent.

C'est là, Messieurs, tout le dessein de ce Discours, auquel je vous prie de prêter une bienveillante attention.

PREMIÈRE PARTIE.

Vant de vous montrer le Curé Martin orné de toutes les qualités qui forment le bon Pasteur, jetons un coup-d'œil rapide sur les années de sa jeunesse. Car ce n'est alors que les hommes, destinés à remplir un jour un grand rôle dans le monde et à être l'admiration de la société, laissent entrevoir l'aurore de leur gloire future. Ainsi, le soleil, avant d'éclairer l'univers et de répandre dans toute la nature les trésors de sa bienfaisante chaleur, se fait annoncer, dès le matin, par de faibles et légers rayons de lumière.

MARTIN naît à Béziers d'un pauvre artisan, qui, pour nous servir de l'expression de Cicéron, tirera son nom de son fils, comme les autres enfants reçoivent leur nom de leur père. Ainsi, ni la noblesse du sang, ni l'éclat des richesses n'ajouteront rien ni à son nom, ni à ses vertus, ni à ses bienfaits. Sa gloire sera son ouvrage à lui ; et, quoiqu'elle ne soit point environnée de ces titres pompeux qui frappent d'ordinaire les regards des hommes, elle n'en paraîtra que plus belle.

A peine âgé de douze ans, il se conduit avec une précocité de sagesse toute virile. On peut dire même qu'il n'a point d'enfance, tant, dès ses plus tendres années, il se montre l'homme de sa jeunesse, comme il se montrera dans sa jeunesse l'homme de son âge mûr.

Doué des plus heureuses dispositions, il termine en moins de quatre ans ses études de Collége, sous la direction des Disciples d'Ignace. Ceux-ci, habiles dans l'art de deviner et de former les grands hommes, pressentant ce que le jeune MARTIN peut devenir un jour, veulent se l'attacher ; et, soit qu'ils lui en donnent l'idée ou qu'il en sente lui-même la vocation , le jeune élève , à sa quinzième année, veut entrer dans la Société de Jésus et s'engager dans les missions étrangères. Sa résolution est si forte qu'il ne faut rien moins que l'autorité d'un homme , aussi élevé par sa dignité que par ses talents , pour la faire avorter. *Mon ami , lui dit l'Abbé Ricard , il vous sera facile de suivre votre inclination , sans quitter le pays ; vous y trouverez de nombreuses et utiles missions à faire.*

Je ne sais trop, MESSIEURS , s'il faut remercier ou blâmer ce vénérable Ecclésiastique , d'avoir fait renoncer MARTIN à son héroïque projet. Car , l'église du nouveau monde eût acquis en lui un nouvel Apôtre , mais Béziers eût perdu un bon Pasteur et un de ses bienfaiteurs les plus distingués.

Quoi qu'il en soit, vous admirez déjà dans ce beau projet , d'une part l'esprit de foi et d'abnégation qui sera toujours le mobile de la conduite de MARTIN et le puissant levier de sa charité ; et de l'autre, l'intérêt qu'il inspire aux membres du Clergé, le plus haut placés. Que dis-je ! Monseigneur de Beausset lui-même l'honore d'une sincère affection, et lui accorde une protection toute paternelle.

Quel puissant encouragement pour le jeune MARTIN ! Aussi, jaloux de répondre à l'estime d'un si illustre protecteur, il va s'ensevelir avec joie et enthousiasme dans les études les plus profondes de la Théologie.

Mais quoi ! tandis que les esprits médiocres ne puisent dans cette divine science que des méditations pénibles, que de stériles contemplations, la foi de MARTIN s'y exalte, son esprit s'y plaît comme dans son élément, son cœur s'y échauffe, son âme s'y nourrit, son génie s'y grandit, son imagination s'y enflamme ; et en remuant nuit et jour cet amas d'invincibles preuves qui établissent sur des bases immuables et l'existence d'un Dieu et de ses perfections, et la création de l'univers par cet Être suprême, et la sagesse de sa providence qui dirige tout, et la chute du premier homme, et le besoin d'un Rédempteur ; en un mot, en méditant toutes les vérités, tous les dogmes, tous les principes sur lesquels se fonde toute l'économie de la religion, il est ravi d'étonnement, et s'écrie avec un Prophète : *Que tes tentes sont belles, ô Jacob ! Quelle merveilleuse beauté dans tes pavillons, ô Israël !*

Mais l'aigle ne vole pas toujours au haut du firmament ; il s'abat quelquefois à terre pour se reposer. Ainsi, le génie de MARTIN, après avoir plané dans ces hautes et sublimes régions du dogme, sait se délasser dans l'étude de la morale. Et nous verrons, plus tard, comment il a su en appliquer les règles avec sagesse et avantage.

Serez-vous désormais surpris de voir ce jeune homme, doué d'une si rare intelligence, d'une imagination toute de feu, d'une mémoire si prodigieuse, obtenir des succès qui surpassent toute espérance, et mériter de remplir une mission de confiance, qui le crée le chef et le surveillant de plusieurs jeunes clercs, destinés à aller perfectionner leurs études ecclésiastiques à la faculté de Toulouse ? Serez-vous étonnés, d'hors et déjà, que sa conduite dans cette ville ne mérite que des éloges, et que sa piété, si vive, si admirée de tout le monde, éclate, comme celle de Vincent de Paul, dans l'église où il célèbre sa première messe ? Tous les assistants y fondent en larmes, et plusieurs d'entr'eux s'empressent de lui témoigner leur confiance, si bien que, le Saint Sacrifice achevé, le Pasteur qui l'assiste dans cette touchante cérémonie, lui remet la clef du tribunal de la pénitence, en lui disant : *Allez, mon cher ami, allez terminer au confessionnal les conversions que vous avez commencées à l'autel.*

Oui, Messieurs, l'autel est une chaire plus éloquente que celle où nous vous parlons. Que faisons-nous ici ? nous vous traçons vos devoirs ; à l'autel, nous demandons à Dieu, par l'entremise de Jésus victime, la grâce de vous les faire remplir. Dans la chaire de vérité, nous sommes forcés d'avoir recours aux ornements de la parole, pour vous faire goûter les préceptes du Seigneur ; à l'autel, c'est notre cœur tout seul qui y parle ; et combien le cœur du prêtre ne doit-il pas y être éloquent !

Le prêtre est donc d'abord apôtre à l'autel ; et c'est en y montant pour la première fois que MARTIN a posé les prémices de son apostolat.

Mais ce n'est pas à Toulouse que ce jeune prêtre doit exercer son zèle ; la Providence, admirable dans ses desseins, l'appelle à Béziers, son pays natal.

Je vous en remercie, ô mon Dieu, au nom de tous mes chers compatriotes, au nom surtout de toutes les âmes souffrantes. Désormais, le pauvre aura un soutien, la veuve un appui, le malade un consolateur, la ville un père, l'église un bon Pasteur.

Qui nous dira, MESSIEURS, le bien qu'il opère, comme vicaire, dans cette belle paroisse de la Madeleine, où l'appelle la sollicitude du premier Pasteur ? Il en est l'idole ; passez-moi l'expression. On le vénère, on le chérit. La vivacité de ses regards, la gaieté de son caractère, en un mot, tous les avantages du corps, réunis à ceux de l'esprit et du cœur, lui attirent l'estime et la bienveillance de tout le monde ; et souvent, par ses manières douces et affables, il gagne à Dieu ceux que ses discours n'auraient jamais convertis.

Ainsi François de Salles a ramené à Dieu plus d'impies par la douceur de ses manières et la gaieté de ses conversations que par l'éloquence de ses discours.

Tel est MARTIN dont la mémoire nous est si chère, et auquel nous voudrions payer aujourd'hui un digne tribut d'admiration et de louanges.

Mais hâtons-nous de le voir à la tête d'une paroisse. Là, il sera maître de ses mouvements, de ses actions, de sa volonté ; en un mot, dans l'exercice de son zèle, il ne dépendra de personne, il n'obéira qu'à lui-même, et le feu sacré dont il est embrasé, il l'allumera au cœur de tous ceux qui seront confiés à ses soins.

O église de SAINT-APHRODISE, berceau de notre foi, église arrosée du sang du premier Apôtre de la cité, ah ! comme tu dus tressaillir d'allégresse, lorsque tu le reçus pour la première fois dans ton sein ! On dit que tu te paras comme l'épouse au jour de ses noces, que tu te promis un avenir heureux et des enfants dociles, et que tes vœux furent exaucés. Mais tu ne savais pas qu'une tempête politique devait, à quelques années de là, emporter sur une terre étrangère ton vertueux Pasteur. Et quand ce malheur t'arriva, tu pleuras, tu poussas des cris déchirants, et ton bien-aimé les entendit, et il vint sécher tes larmes. Hélas! aujourd'hui, tu le pleures de nouveau, mais en vain! tu nous le demandes, mais inutilement! il n'est plus!... Et tu n'as, pour te consoler, que la vue de ses cendres, que le souvenir de son grand nom et du bien qu'il a fait à tes enfants.

A peine âgé de vingt-sept ans, Martin est promu à la direction de cette paroisse, qui, quoique peu importante, si on ne considère que l'étendue de sa circonscription et la qualité de ses habitants, presque tous cultivateurs et pauvres, est néanmoins assez difficile sous d'autres rapports. Il faut, en effet, au jeune Curé une grande sagesse pour ne pas compromettre sa dignité de Pasteur, et soutenir les droits attachés à sa charge contre certaines prétentions qui viennent de plus haut. Or, le jeune Martin, alliant la fermeté à la prudence, triomphe de tous les obstacles, et se concilie l'estime de ceux même qui veulent empiéter sur ses droits.

Que ne puis-je vous montrer son zèle dans tous les détails de sa vie! Il extirpe du sein de sa paroisse tous les scandales qu'il y trouve. Levé tous les jours depuis l'aurore, il s'en va, dans la campagne, trouver le laboureur oublieux de son salut ; et le suivant tout le long du sillon qu'il trace, il l'instruit, l'exhorte, le presse, et reçoit l'humble aveu de ses fautes. Dans les rues de la cité, combien de fois ne l'a-t-on pas vu s'arrêter avec les pauvres mendiants, et les confesser tout en leur faisant l'aumône ! Vous le montrerai-je distribuant, tous les dimanches, le pain de la parole sainte dans des instructions familières, faisant, toute l'année, le catéchisme aux enfants ! car, ce qu'il regarde comme un grand obstacle au salut d'une paroisse, c'est l'ignorance ; et cette idée lui fera concevoir plus tard des projets qu'il saura réaliser pour le bien de toute la cité. Mais ce ne sont là que les premiers essais de son zèle et de son dévouement. Hélas ! fallait-il que ce zèle et ce dévouement fussent interrompus pendant des années entières ? Que dis-je ! je me trompe ; ce zèle et ce dévouement vont paraître avec plus d'éclat pour une autre cause et sur un autre théâtre.

Le ciel de la France commence à se couvrir de sombres nuages. Le puits de l'abîme dilate ses flancs, et il en sort d'épaisses vapeurs qui obscurcissent le soleil de la religion. L'impiété se promène en triomphe dans toute la France. Les partisans des Voltaire et des Rousseau minent sourdement le trône et l'autel. Une révolution se prépare ; la foi et la monarchie vont disparaître dans des flots de sang. Chaque cité, chaque ordre se hâte d'envoyer ses représentants à Paris pour assister à ce grand conseil, où s'instruit déjà le procès contre la religion et la monarchie.

Prêtres de Béziers, à qui confierez-vous ce noble mandat? Sera-ce à un de ces hommes dont les opinions flottent à tout vent de doctrine, et se rangent toujours du parti le plus fort? non, non; le clergé de Béziers sera à jamais recommandable par le choix qu'il fera de son mandataire. L'Abbé MARTIN a déjà réuni tous les suffrages, et est chargé de cette importante mission.

L'homme de génie a quelquefois des regards qui percent à travers les sombres voiles de l'avenir. Ainsi, le Curé MARTIN découvre d'un coup-d'œil tout le danger du trône et de l'église, et toute l'étendue de ses devoirs. Son grand discernement lui désigne bientôt la place qu'il doit occuper à l'Assemblée Constituante. Il s'associe à l'Abbé Maury, à qui il communique ses idées, toujours vastes, toujours justes; et tous deux auraient sauvé et l'autel et le trône, si l'autel et le trône avaient pu être sauvés.

Mais Dieu donne de temps en temps de grandes et de terribles leçons aux monarques et aux peuples. Et quand, dans sa juste colère, il a résolu de châtier une nation, alors arrivent les révolutions avec leurs crimes de tout genre: les pillages, les attentats, les blasphèmes , les apostasies , les assassinats , les haches , les échafauds , les bourreaux , les victimes !...

N'est-ce pas là le triste et désolant tableau de ce qui s'est passé dans notre malheureuse patrie ? et votre sang ne se glace-t-il pas dans vos veines en face de cet échafaud qui va recevoir, au nom de la liberté , les têtes augustes de Louis XVI , du clergé et de la noblesse ? O crimes ineffables ! non, la France ne vous expiera jamais !... Pardonnez-nous cependant, ô mon Dieu, car le sang du juste a coulé non pour demander vengeance, mais pour solliciter votre miséricorde.

Cependant, si l'Abbé MARTIN s'est montré l'intrépide défenseur de la religion et de la monarchie , s'il a mérité de recevoir de la bouche même de l'infortuné Monarque les témoignages les plus flatteurs de confiance et de satisfaction, il a dû encourir, par-là même , toute la haine des révolutionnaires, et se voir exposé à tomber sous leurs poignards. Je le vois, en effet , un jour sortant de l'assemblée après une séance des plus orageuses , dans laquelle il s'est vivement prononcé contre le serment à la constitution civile du clergé, je le vois entouré d'assassins qui l'eussent immolé à leur fureur, s'il n'eût été arraché mains par un nombre considérable de femmes, à qui sa modestie et l'expression vénérable de ses traits avaient inspiré un saint respect.

Je le vois, plus tard, enfermé aux Carmes avec plusieurs centaines de prêtres, comme lui confesseurs de la foi et attendant la mort à chaque moment. Je le vois, dis-je, mandé à la barre du comité, dont il intimide les membres par la fermeté et la justesse de ses réponses. *Êtes-vous prêtre*, lui dit-on? *oui je le suis*, répond-il, *et si c'est un crime de l'être, il y a trente ans que je vis dans ce crime, sans en être fâché.* Paroles sublimes! dignes des premiers confesseurs de la foi, dignes même de la couronne du martyre, si Dieu n'avait eu d'autres desseins sur lui. A ces mots, toutefois, le front de tous ces cannibales se ride; leurs lèvres se contractent de rage; la terreur se peint sur leurs traits ; et il se fait aux bancs de l'assemblée un silence de stupéfaction, comme si un ange, au visage terrible, avait paru dans cette salle.

Vous en êtes étonnés, Messieurs! Eh quoi! la vertu ne fit-elle pas jadis trembler les tyrans de Rome payenne ? Néron ne pâlit-il pas en face de Paul? Attila ne recula-t-il pas devant un Léon?

Quoi qu'il en soit, le lendemain tous ces prêtres sont égorgés, et l'Abbé Martin achète sa liberté, à condition qu'il passera en pays étranger. Il part;

et, après avoir traversé les montagnes de la Suisse, il arrive enfin en Italie, où l'attendent des consolations qui soulageront son esprit et son cœur des terribles angoisses qu'ils ont éprouvées. Il y trouve son pauvre frère éxilé, prêtre aussi recommandable par la simplicité de ses manières que par ses vertus sacerdotales.

Ma langue pourra-t-elle, Messieurs, vous retracer ici le touchant tableau de cette entrevue de deux frères, se rencontrant à plus de deux cents lieues de leur pays ? tous deux confesseurs de la foi, tous deux proscrits pour le même crime ; car, alors c'était un crime que d'être prêtre.

O tendres embrassements ! ô épanchements ineffables ! ô douces émotions ! ô larmes indicibles ! mais laissons, laissons le soin de nous dépeindre ces joies et ces consolations, après tant de souffrances, à ceux qui les ont éprouvées.

Vous parlerai-je aussi de son entrevue à Rome avec le Cardinal Maury, son ami intime, dont il a partagé, à l'Assemblée Constituante, les travaux et les dangers ? Ah ! nous pouvons assurer que la vue de cet intrépide adversaire du trop fameux Mirabeau fait bondir son cœur de joie, et que son amitié lui était acquise pour toujours, si, par un aveuglement inconcevable, ce prélat si haut placé n'avait souillé les pages de son histoire par une ambition démesurée. Hélas! que de génies tombent des splendeurs de la renommée dans la honte et l'humiliation, pour s'être laissé prendre à cette enivrante fumée de la gloire et des honneurs! Il n'en fut pas ainsi du Curé MARTIN ; et certes, d'après le rôle politique qu'il venait de remplir, il aurait pu légitimement aspirer à l'épiscopat, avec d'autant plus de raison encore que son génie et ses vertus en auraient fait un des plus grands évêques de France.

Mais toute son ambition est de revenir dans sa pauvre paroisse et de reprendre sa houlette de Pasteur. Son zèle trop impatient l'emporte, et il arrive, en effet, sur les frontières de sa patrie.

Arrêtez! ô Pasteur prodigue de vous-même, arrêtez! L'orage de la révolution n'est pas tout-à-fait dissipé ; le tonnerre gronde encore sur la tête des prêtres ! Voulez-vous donc vous exposer de nouveau à une mort certaine ? Eh ! qu'est-ce donc que la mort dans un âge avancé pour celui qui voulait la souffrir dans un âge plus tendre, dans les pays barbares ? Non, non, ce motif ne l'arrêtera pas ; son zèle, pour le salut de son troupeau, bouillonne trop dans sa poitrine pour pouvoir le contenir. Il entre, et, profitant des ténèbres de la nuit, il arrive au milieu de sa paroisse.

O épouse désolée et devenue si long-temps stérile par l'absence de ton époux, réjouis-toi ! Désormais, tu vas engendrer de nouveaux enfants à JÉSUS-CHRIST : *Lœtare sterilis quæ non parturis, erumpe et clama quæ non paris.* Ici, MESSIEURS, j'avoue mon impuissance à vous dire toute la joie que répand, non-seulement dans la paroisse, mais dans toute la cité, l'arrivé du Curé MARTIN.

Cette heureuse nouvelle circule, en un instant, dans toutes les bouches, comme une étincelle électrique. Les larmes de joie et de reconnaissance coulent en abondance de tous les yeux ; et, s'il n'avait fallu en dissimuler les transports, c'eût été pour Béziers une fête publique. Mais, si joyeux que soit, d'une part, le cœur de MARTIN du bon accueil de son cher troupeau, de quelle tristesse n'est-il pas affligé, de l'autre, du désolant tableau que lui offre sa paroisse ! Hélas ! comme au temps du Prophète, les rues de Sion pleurent de voir les solennités abandonnées, et les églises fermées, et les pierres du sanctuaire dispersées ça et là sur les places publiques. A cette vue, le nouveau Jérémie ne peut retenir ses larmes ; et, levant ses mains vers le Ciel, il s'écrie : Malheur à nous parce que nous avons péché : *Væ nobis quia peccavimus.*

Mais l'Abbé MARTIN ne se borne pas aux larmes

et aux prières. Poussé par un zèle qui semble s'accroître malgré les ans et les obstacles, il fait pendant la nuit ce qu'il lui est défendu de faire pendant le jour. Il baptise les petits enfants ; il entend les confessions ; il distribue le pain des Anges aux pieux fidèles ; il administre le Saint Viatique aux malades ; il unit les époux ; il catéchise, il exhorte, il bénit ; et, retiré dans un coin d'une maison, il offre à Dieu, dès le lever du jour, le Saint Sacrifice pour le salut de la France et de son cher troupeau.

Représentez-vous, Messieurs, toutes les horreurs de cette époque de triste mémoire, et vous aurez une idée du zèle héroïque et du sublime dévouement de l'Abbé Martin.

Eh quoi ! ignoré-je donc que, dans cet auditoire où j'ai l'honneur de parler, il y a plusieurs témoins de cette horrible persécution ? C'est donc à eux plutôt qu'à moi de vous dire, à vous qui ne l'avez pas vue, et tous les efforts de son zèle, et ses innombrables fatigues, et ses privations de tout genre, et par-dessus tout le danger qu'il a couru si souvent d'être pris et immolé comme tant d'autres.

Fallait-il donc pour vous appaiser, ô mon Dieu, autre chose que le courage invincible et le zèle infatigable de ces vénérables prêtres qui, dans ces jours d'épreuves et pendant que leurs confrères en exil lèvent, comme Moïse, leurs mains suppliantes vers vous, combattent généreusement vos combats et entretiennent les sentiments d'une foi vive au cœur de ceux qui n'ont pas encore fléchi le genou devant Baal ?

C'est assez, CHRÉTIENS, c'est assez ; et, pour récompenser tant de vertus et tant de zèle, Dieu va se réconcilier enfin avec la France.

Accours donc, vainqueur de l'Égypte ! hâte vers nous tes pas de géant ! C'est toi que le Ciel destine, sans t'en douter, à opérer cette grande réconciliation. Il paraît ; et, à la tête de ses légions triomphantes, il écrase l'hydre de la révolution et rétablit en France le culte catholique. Que ce soit de la part de ce grand Capitaine un acte de politique plutôt qu'un acte de religion, que nous importe ! « Est-ce que Dieu, dit Bossuet, ne se sert pas de la » politique des conquérants pour accomplir ses grands » desseins de miséricorde à l'égard des élus ? »

Quoi qu'il en soit, plusieurs temples sont rendus au culte ; les prêtres exilés rentrent dans leur patrie ; et la France respire un moment après tant et de si terribles secousses.

Mais que vois-je ! Quoi ! l'église d'Aphrodise n'ouvre point ses portes à son Pasteur ? Doit-elle donc toujours servir à un usage infame, ou tomber sous le marteau d'avides spéculateurs? Rassurons-nous ; le zèle du Curé Martin épargnera à la religion et au premier Apôtre de la cité un affront si sanglant.

Eh! quelles seront donc ses ressources? Il fait un appel aux maisons riches de Béziers, et en obtient des secours, au moyen desquels il devient adjudicataire de cette église. Aussitôt, il en fait ouvrir les portes, et transporté d'une sainte joie, il entre, précédé de son cher troupeau, dans cette auguste basilique que son zèle vient de prendre, pour ainsi dire, d'assaut.

Tout-à-coup succède à cette joie une profonde tristesse ; de grosses larmes roulent dans ses yeux de Pasteur. Il pleure comme le Sauveur dans son entrée triomphante à Jérusalem : *Videns Jesus civitatem, flevit super illam.* Et pourquoi ne pleurerait-il pas? Hélas! les Vandales ont passé dans son église et y ont tout brisé! Plus d'autels, plus de croix, plus de reliques, plus de tableaux, plus de tribunaux de la pénitence, plus de chaire, plus de fonts sacrés, plus de vases, plus d'ornements ; tout a disparu sous les talons de fer de cette horde de barbares!

O France, quand tu écrasais à Poitiers les Vandales du nord, pensais-tu qu'un jour tu serais foulée toi-même sous les pieds des Vandales sortis de ton sein?

Tout autre Pasteur que Martin aurait désespéré de remettre cette église dans un état convenable. Lui, au contraire, trouve dans les inépuisables ressources de son zèle les fonds suffisants pour fournir non-seulement à tout ce qui lui manque, mais encore pour l'enrichir d'ornements précieux, l'élever au rang des paroisses de première classe, et y entretenir quatre prêtres pour rendre les secours de la religion plus faciles, et relever par leur présence la majesté des cérémonies.

Voilà les œuvres de Martin ; et, si le temps ne me forçait à me restreindre, je vous le montrerais encore comme une des lumières de la cité, du clergé et du cloître.

Or, je vous le demande, un Pasteur de ce caractère n'honore-t-il pas la religion, et ne mérite-t-il pas que la religion l'honore ?

Et vous, Messieurs, qui travaillez, avec une activité digne de tous nos éloges, à exhumer de la poussière et de l'oubli des temps tout ce qui rappelle d'antiques souvenirs de l'histoire des peuples et de la religion, ne devez-vous pas savoir bon gré au Pasteur que nous louons d'avoir racheté et embelli cette église à laquelle Aphrodise a donné son nom, et dans laquelle les premiers évêques de Béziers élevèrent leur trône, jusqu'au neuvième siècle ?

Mais, si Martin a fait des choses si admirables pour son église, c'est que le zèle du premier Apôtre de la cité avait passé tout entier dans son âme ; c'est que, du haut des Cieux, Aphrodise avait jeté son manteau à son digne Successeur.

Eh bien ! qu'il vive donc à jamais au milieu de nous ce digne émule de la foi et des vertus d'Aphrodise ! Ses œuvres de zèle lui ont acquis le titre immortel de bon Pasteur, et ses monuments de charité revendiquent encore pour lui celui de bienfaiteur de l'humanité.

DEUXIÈME PARTIE

A charité, c'est la grande vertu du Christianisme ; c'est l'immuable pivot sur lequel roule toute la religion du Christ. *Le bon Pasteur*, a dit le Divin Maître, *donne tout pour ses brebis, tout et même sa vie : Bonus Pastor animam suam dat pro ovibus suis.* Ainsi le prêtre, en revêtant la robe du sacerdoce catholique, a souscrit à ce sublime engagement. Eh ! qu'on nous montre, dans l'histoire de dix-huit siècles, si jamais il a reculé devant aucun sacrifice !

Qui donc a élevé ces vastes asiles de la charité pour les pauvres ? n'est-ce pas le prêtre catholique ! Qui donc a bâti tous ces hôpitaux pour les malades ? n'est-ce pas le prêtre catholique ! Et ces établissements pour toutes les infirmités humaines, qui les a fondés ? n'est-ce pas le prêtre catholique ! Et ces maisons d'éducation religieuse, qui les a dotées ? n'est-ce pas le prêtre catholique ! Enfin, dans les maladies épidémiques, qui reste au chevet du mourant ? n'est-ce pas encore le prêtre catholique ! Sur tout cela je défie l'ennemi le plus déclaré du prêtre catholique de le trouver jamais en défaut. Donc, sous le rapport du bien fait à la société, il n'est aucun homme, à quelque secte qu'il appartienne, ou de quelque société philantropique qu'il soit, qui puisse, je ne dis pas surpasser, mais même égaler le prêtre catholique.

Eh ! que serait le prêtre catholique sans charité, sinon un père sans entrailles, un corps sans âme, un soleil sans chaleur, une lampe sans lumière, un arbre sans fruit ?

Le Curé MARTIN a donc compris cette belle pensée de la charité chrétienne ; aussi est-il passé comme le Divin Maître en faisant le bien : *Pertransiit benefaciendo.*

Or, on fait du bien à l'humanité en soulageant la misère des pauvres par des aumônes, et en fournissant à la jeunesse tous les moyens de recevoir une éducation sociale et chrétienne. Voilà ce qu'a fait le Pasteur que nous honorons ; et, à ce double titre, ne mérite-t-il pas un hommage solennel et public de vénération et de reconnaissance ?

J'en conviens, le bien que le Curé MARTIN a fait n'a pas dépassé les limites de la cité. Aussi, nous ne vous le présenterons pas, sous ce rapport, comme un Vincent de Paul, et ne réclamerons-nous pas pour lui les hommages et la reconnaissance de tous les peuples du monde chrétien ! Notre unique but, c'est de vous le montrer comme le bienfaiteur de notre cité, et de vous dire à vous, Biterrois : vous avez d'immenses obligations au Curé MARTIN.

Et d'abord, ce charitable Pasteur a satisfait aux besoins des indigents par ses aumônes. Qu'on me cite un individu, une famille qui lui aient jamais demandé en vain des secours ? Et ce bien qu'il fait n'est pas restreint aux pauvres de sa paroisse ; tous ceux de la cité, les étrangers même qui l'habitent, trouvent en lui un père, un bienfaiteur.

Hélas ! pendant les rigueurs de l'hiver, alors que le pauvre avec le prix de son labeur peut à peine suffire à l'entretien d'une nombreuse famille, et qu'il va implorer

la charité de Martin, que trouve-t-il dans son près-
bytère? des habits et des couvertures propres à le
garantir lui et ses enfants des injures de la saison.
L'appelle-t-on pour un malade? avant de lui parler,
il a deviné d'un coup-d'œil tous ses besoins; et, après
avoir satisfait à ceux de l'âme, il laisse un à-compte
à sa misère. Puis, arrive une de ces personnes cha-
ritables qu'il a à sa main, pour apporter à ce
malheureux tout ce qui lui est nécessaire.

Et ces familles, déchues d'une ancienne splendeur,
innocentes victimes d'une révolution qui leur a tout
emporté, qui nous dira quel appui elles trouvent
dans sa générosité? Et ces jeunes gens qui voudraient
se destiner au sacerdoce, mais qui reculent devant
la pauvreté de leur famille, qui nous dira à combien
il a ménagé des ressources pour réaliser leur vocation? Et ce qui relève encore ses bienfaits, c'est là
douceur, la bonté avec lesquelles il les distribue,
et le silence dont il les enveloppe. Oh! comme il
accomplit à la lettre, dans l'exercice de sa charité,
ce que recommande le Divin Sauveur par ces paroles:
*Quand votre main droite donnera quelque chose, faites
en sorte que la gauche n'en sache rien.*

Mais la charité du bon Pasteur ne se lasse pas
tant qu'il trouve des misères à soulager. Ouvrez-vous
donc devant lui, prisons de Béziers? montrez-lui ces

malheureux qui gisent dans vos cachots et arrosent nuit et jour de leurs larmes leurs pesantes chaînes! Ah! comme Vincent, il les console, il pleure avec eux, et leur laisse des preuves de sa charité compatissante. Et vous, Hôtel-Dieu, dévoilez à ses regards le triste spectacle de toutes les maladies qui affligent l'humanité! Ah! il exhorte, il encourage les pauvres malades par des paroles pleines de tendresse. Vous aussi, Hospice des enfants trouvés, laissez-lui contempler ces innocentes victimes de la débauche! Voyez comme il se plaît à les caresser, à les prendre sur ses genoux, et à dire comme le Pasteur-modèle: *Laissez venir à moi les petits enfants: Sinite parvulos venire ad me.*

Vous dirai-je maintenant les procès qu'il arrête par sa conciliante parole; les familles divisées où il rétablit l'union et la paix; les bons conseils que sa charité lui suggère, et la part qu'il prend à l'affliction de ceux qui vont lui confier leurs peines? Mais je n'en finirais pas, car au cœur du Curé MARTIN est une source d'inépuisable amour et un fonds d'intarissable libéralité.

Et qui donc oserait ici me contredire? A Dieu ne plaise que je vienne exagérer, du haut de la chaire de vérité, les vertus de l'honorable Pasteur que je loue! Je craindrais, MESSIEURS, qu'il ne se levât tout vivant du sein de ce mausolée et ne me criât: Que fais-tu, indigne apologiste? tu me vantes au préjudice

de la vérité ; je n'ai que faire de tes éloges menteurs !
Tu m'attribues des bonnes œuvres que je n'ai pas
faites et que j'aurais dû faire. Et que m'importe
maintenant d'être loué de ce que je n'ai pas fait,
si cela a servi au tribunal du souverain Juge pour ma
condamnation !

Non, non, nous n'exagérons rien ; nous sommes,
au contraire, bien au-dessous de la vérité ; et c'est ce
qui arrive aux médiocres orateurs, quand ils veulent
louer ces hommes dont la gloire écrase de tout son
poids leur imagination. Alors leur parole est faible,
très-faible, parce qu'il n'y a aucune proportion entre
le panégyriste et le héros ; et la seule ressource qui
leur reste, c'est de parler par les faits, car les faits
parlent plus haut que leur parole.

Citons donc encore des faits qui nous montrent
l'Abbé MARTIN comme le bienfaiteur de la cité. Écou-
tez, MESSIEURS : tout en satisfaisant aux besoins du
pauvre par ses aumônes, MARTIN satisfait aussi aux
besoins des esprits, en procurant à la jeunesse les moyens
de recevoir gratuitement une éducation sociale et chrétienne ; et ce bienfait, si grand au point de vue de la
religion et de la société, suffirait seul pour l'immor-
taliser et le rendre à tout jamais digne de notre
amour et de notre reconnaissance.

Le sexe, si susceptible de tant de vertus ou de

tant de vices, a déjà fixé l'attention de ce charitable Pasteur. Il sait, avec Fénélon, qu'une mère sans éducation chrétienne ne saurait en donner à sa fille; et qu'une fille, privée du bienfait de cette éducation, est plus exposée à se perdre et à corrompre la société. C'en est assez; une maison d'éducation pour le sexe est fondée dans Béziers, et les Dames de Saint-Maur viendront y remplir, à l'égard des jeunes filles, les devoirs d'institutrices chrétiennes. De vous dire avec quel zèle elles s'acquittent de cet emploi si éminemment utile à la religion et à la société, je n'en ai nul besoin, alors que la France retentit de leurs bienfaits et de leurs vertus.

Voilà tes œuvres, ô MARTIN ! Mais ce n'est là, si je puis parler ainsi, que la moitié du plan qu'a conçu son bienfaisant génie ; il lui reste maintenant à pourvoir à l'éducation des jeunes hommes.

Jésus-Christ a dit que l'homme ne vit pas seulement de pain, mais de toute parole qui sort de la bouche de Dieu : *Non in solo pane vivit homo, sed in omni verbo quod procedit de ore Dei.* Or, dans quel temps la jeunesse a-t-elle eu un plus grand besoin de cette parole vivifiante et régénératrice qu'au commencement de notre siècle ? Il suffit, pour s'en convaincre, de jeter un seul regard sur l'état moral de la société d'alors.

Quelle éducation sociale et chrétienne donnèrent à la nation ces coryphées de l'impiété qui préparèrent par leurs écrits la terrible catastrophe qui plongea la France dans un deuil général ? Ils prirent corps à corps la religion dans le vaste champ de la philosophie, de la littérature et des sciences, et lui déclarèrent une guerre à mort. Helvétius rendait la morale athée. D'Holbach pervertissait l'esprit, pendant que Rousseau égarait le cœur. Diderot faisait apostasier la raison dans ses livres de philosophie, et contraignait le sentiment à abjurer le christianisme, dans ses romans tout chauds de colère et de haine. D'Alembert renversait la croix du faîte de la science. Raynal détrônait le catholicisme dans ses travaux historiques ; et Voltaire enfin, cette vivante encyclopédie du mal, faisait blasphémer à la fois la philosophie et l'histoire, et criait à toute la troupe : *Écrasez l'infame !* c'est-à-dire, *la religion.* Monstres, ce furent là vos enseignements ! Or, cette philosophie dévastatrice s'intronisa dans les chaires des lycées et dans les écoles de village. Tous les hommes furent tellement imbus de ces principes subversifs, que les enfants, eux aussi, répétaient, en s'amusant, les plus horribles blasphèmes de Voltaire contre la religion.

La révolution éclate ; la religion et la royauté

tombent, pour un certain temps, dans le gouffre, en se donnant la main. Or, quelle éducation sociale et chrétienne donnèrent à la France ces hommes qui déclarèrent le gouvernement athée et burent à plein verre le sang des prêtres et des nobles, en dansant autour d'un trône dont ils avaient précipité le monarque, pour le faire monter un peu plus tard sur un trône d'une nouvelle espèce, sur un échafaud?

Alors, on proclama hautement l'indépendance, la liberté, la haine aux rois, la mort aux prêtres. Monstres, ce furent là vos enseignements! et les jeunes hommes chantaient en chœur dans les rues, et les enfants répétaient, à leur tour: haine aux rois et mort aux prêtres!

Enfin, un soldat, sorti des rangs de notre armée et porté sur les ailes de la victoire, s'élance des plaines d'Austerlitz, et vient s'abattre sur un trône qu'il trouve vacant. D'une main, il pose sur sa tête la couronne de Clovis; et de l'autre, celle des Césars. D'un pied, il renverse le Chef de l'église; et de l'autre, les rois de l'Europe. Or, quelle éducation sociale et chrétienne donna à la nation ce nouvel Alexandre, qui porta une main sacrilége sur l'héritier de Jésus—Christ et enivra la France de sa gloire, afin de la dépouiller, dans cet état d'ivresse, de son dernier écu et de son dernier enfant ? [1] L'éducation fut toute militaire : la jeunesse allait, à tour de rôle, se faire tuer sur les champs de bataille ; et les enfants, dans les lycées et les écoles, ne respiraient que l'état militaire et les fanfares des camps.

J'ai dit, cependant, que Napoléon rétablit en France la religion, oui, c'est vrai ; mais la religion était présente à son administration, comme le Sauveur était présent, avec son manteau de dérision, devant la cour de l'impie Hérode.

Or, pour détruire les idées funestes et les principes désastreux dont les Voltaire, les Rousseau, les Robespierre et les Marat avaient nourri la société, pour endormir, jusqu'au moment du danger, cette passion effrénée des combats qui régnait sous l'empire, il fallait s'emparer de la génération naissante et la porter vers des idées sociales et chrétiennes, vers le commerce, l'industrie, le travail et la pratique de la religion. Telle est la pensée du Curé Martin, en appelant dans sa ville natale les Frères des écoles chrétiennes ; et si la France avait senti, alors comme aujourd'hui, le besoin immense des Religieux de La Salle, pour régénérer la société, elle aurait fait dans peu de temps ce qu'elle n'a fait que dans un demi-siècle.

En effet, de nos jours, grâces à Dieu, les livres du

---

[1] Chateaubriand, sur *Napoléon*.

patriarche de Ferney et du philosophe de Genève ne sont plus de mode. Les tyrans de 93 portent au front un cachet d'infamie. Les jours des batailles sanglantes sont passés. Le commerce fleurit; l'industrie marche à pas de géant; les découvertes se perfectionnent; les inventions se multiplient; l'amour du travail redouble; et la France se tourne de nouveau du côté de cette religion du Christ, qui seule fait le bonheur des peuples et la tranquillité des états.

Ainsi, la pensée de l'Abbé MARTIN, en fondant dans notre ville les écoles chrétiennes, n'est donc pas un rêve, mais une vérité qui s'accomplit tous les jours au milieu de nous; et ce qui se réalise ici, se réalise aussi dans toute la France.

Toutefois, que de peines, que d'inquiétudes, que de sacrifices lui coûtera ce précieux établissement qui doit embellir notre cité et tourner à l'immense avantage de l'éducation sociale et chrétienne! Autant de fois il se désistera de ce grand projet, autant de fois il le prendra avec une nouvelle ardeur. Il aura même à lutter contre la noire envie et l'implacable calomnie. Mais tous ces obstacles viendront se briser contre son inébranlable constance, et la Maison des Frères s'élèvera dans Béziers comme un monument immortel de la charité de MARTIN.

Applaudissez donc à ce magnifique bienfait, MAGISTRATS qui gouvernez la cité; là, vont se former désormais les bons époux, les sujets fidèles, les braves défenseurs de la patrie.

Applaudissez à ce magnifique bienfait, vous surtout Pères de famille, trop pauvres pour donner une bonne éducation à vos enfants ; désormais, vous pourrez leur faire parcourir une carrière honorable. Ils vous respecteront ; ils seront la consolation de vos cheveux blancs et le soutien de votre vieillesse.

Voilà tes bienfaits, ô MARTIN! Et, malgré tant et de si grandes sommes dépensées pour de si riches établissements, vous l'auriez vu, MESSIEURS, s'il avait vécu quelques années de plus, fonder un petit Séminaire dans notre ville, et exécuter le hardi projet que sa grande pensée avait conçu, de reprendre l'ancien aqueduc par lequel les Romains amenaient dans Béziers les eaux des sources de Gabian. Voilà de la charité, de l'humanité, si je ne me trompe; disons mieux, voilà le patriotisme dans toute sa force, dans ce qu'il a de beau, de grand, d'admirable. Qu'on accuse maintenant le prêtre, si on l'ose, de ne pas sentir battre au cœur l'amour de la patrie!

Je ne sais, MESSIEURS, quel enthousiasme me transporte, à la vue de tous les bienfaits dont MARTIN a enrichi notre cité. Mais mon imagination s'arrête étonnée, devant cette dernière entreprise, entreprise magnifique, gigantesque, et dont il est superflu de vous dire les immenses avantages pour le pays. Ah ! il l'aurait réalisée à coup sûr. Son admirable ascendant sur les esprits lui aurait applani les voies, et son génie persévérant lui aurait créé de suffisantes ressources. Pourquoi faut-il que la mort ait fait avorter une si sublime conception !

O chute à jamais déplorable, qui ruina, dans si peu de temps, une santé robuste malgré toutes les fatigues, les secousses et les alarmes qu'elle avait essuyées pendant la tourmente révolutionnaire ! O mort, que tu fus cruelle quand tu nous privas d'un Pasteur si utile à la religion et à la société !

Cessons, toutefois, de si justes regrets. Dieu est admirable dans tous ses desseins ! MARTIN a reçu, dans le Ciel, la récompense de ses vertus et de ses bienfaits. Il a honoré la religion, et la religion l'honore, en lui offrant un hommage solennel et public dans ce temple, théâtre de son zèle, et en face de cet autel, foyer de cette charité sublime dont son cœur était embrasé. Il a aussi honoré Béziers ; il nous reste donc à nous, Biterrois, à l'honorer à notre tour. Et quel honneur lui décernerons-nous, en reconnaissance des services qu'il a rendus au pays ! Le monument qu'on lui a élevé est-il une récompense digne de lui, digne de nous ? Je ne le pense pas, MESSIEURS ; vous appréciez trop bien les mérites du Pasteur dont je fais l'éloge ; il lui faut quelque chose de plus : une statue qui le rende vivant au milieu de nous, afin qu'en la contemplant, nous puissions dire : c'est bien là ce Pasteur à jamais regrettable, qui fut le père des pauvres et le bienfaiteur de ses concitoyens.

Soyez-en persuadés, le jour où vous élèverez cette statue en l'honneur du Curé MARTIN, vous recevrez les félicitations et les applaudissements de la génération présente, et la postérité aussi vous en louera.

Quant à moi, MESSIEURS, j'ai rempli la tâche que je me suis bénévolement imposée. Enfant et Prêtre de Béziers, j'ai loué un Prêtre, un Pasteur, mon compatriote, qui méritait de l'être, et de l'être mieux, je le sais ; mais, au milieu de ce silence d'ingratitude qui régnait depuis vingt années autour d'une tombe si chère, vous me pardonnerez, j'en suis sûr, d'avoir entrepris, malgré ma faiblesse, l'éloge de l'homme illustre qu'elle renferme, et de m'estimer heureux de lui avoir offert ce modeste tribut de respect, d'amour et de reconnaissance.